소리 없이 흐르는 강

소리 없이 흐르는 강
이신우
시집
도서
출판

나는 복福장이입니다.
복을 만드는 장인匠人입니다.

실개천에서 훔친 눈물
노래가 되어 흘렀고
한강 둑길 지쳐 걸을 때
물안개 희망 싣고 동무 되어 따랐습니다.

멀고 아득한 하늘길 날아 흘러든 타국살이
이마 적시는 새벽이슬
땅거미 진 귀갓길 어깨에서 식던 땀방울
세월에 눈물 섞어 물길 하나 생겨나니
인정으로 만든 작은 배
복을 담아 띄워놓고
소리 없이 흐르는 강江
노 젓는 사공 복福장입니다.

사랑 노래 부르며 동고동락한 내 가족이 고맙고
이 글을 쓰게 한 선생님, 문학동호인,
이민 생활 함께한 친구에 감사하고
사랑하는 형제자매에게 그리움 전합니다.

나는 진정 복福장이입니다.

| 차 례 |

제1부 소리 없이 흐르는 강

제2부 사랑의 비밀/판타지

제3부 행복의 분배

제4부 아름다운 접근

| 차 례 |

제5부 흔들리는 나상

제1부 : 소리 없이 흐르는 강

제2부 : 사랑의 비밀/판타지

제3부 : 행복의 분배

제4부 : 아름다운 접근

제5부 : 흔들리는 나상

지금도 너 거기 있을까

큰 잎사귀에
작은 꽃잎
그 이름 감꽃

그 꽃 주어
입에 넣어주면
달다고 웃던
예쁜 네 입술 보고 싶다

하얀 꽃 실에 꿰어
목에 걸어주면
수줍다 고개 숙이던
연지 색깔 네 얼굴이 그립다

지금도 찾아가면
그 자리에 너 있을까
아직도 마당에
무명 치맛자락 깔고 앉아
기다리고 있을까

각시 할게
신랑 해라
즐겁던 자리
지금도 너 거기 있을까

감꽃은 떨어지고
다디단 그 맛은
아직도 혀끝에 아련한데
어디 가면
보고픈 너를 만날까

나무라지 마셔요, 왜냐하면

나무라지 마셔요
나만 생각하며 산다고
왜냐하면
나 하나만 세상에서 제일이라
내 생각만 하고 사는 것을

이기적이라 마셔요
내 가족만 챙기고 산다고
왜냐하면
내가 해야 할 일 그것이라
그러고 사는 걸요

못났다 마셔요
한 여자 섬기며 사는 것을
왜냐하면
떼어낼 수 없는
내 반쪽인 걸요

묻지 마셔요
뭐가 그리 자식이 귀하냐고
거울 앞에 서야만 보이던 내 모습
그것 없어도 볼 수 있는 내 얼굴인데
돌보아 다독임 없이 어찌 살겠던가요

가슴 아파 마셔요
부모님께 못다 드린 효도
왜냐하면
사랑이란 물과 같아
아래로만 흐르네요

애닯다 슬피 울지도 마셔요
부모님께 받은 사랑
부모 되어 내리 주는 사랑
본 대로 배운 대로 하는 걸요

꿈

꿈인가 했더니
이것이
세월이래요

내가 살아온
지난 세월이
모두 다 꿈이래요

봄이 오길 기다렸는데
어느새 여름이 왔고
가을인가 했더니
또다시 봄이 올 거래요

청운의 꿈을 어깨에 지고
청춘이다
세상이 내 것이다
별도 달도 다 따주마
호언豪言하던 그 용기

어느 세월 모퉁이에 없었던 듯
보따리째로 놓아두고
고개 돌려 뒤를 보니

아~
이것도 모두가
꿈이라네요

감사

보낸 한 해
회한이 남습니까

살아남아
새해 맞음이
기쁘지 않습니까

과거에서 현재로
다시
미래로
나아갈 수 있다는
이 벅찬 감격
가슴 따뜻한 사랑 가슴에 담고
또 한 해를
살아갈 수 있다는 것

정말
감사하지 않습니까

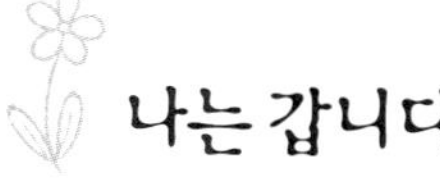

나는 갑니다

갑니다
세월 밟고 나는 갑니다
어디로 가는 줄도 모르고 가는 것은
왜 왔는지도 모르고
왔기 때문입니다

세월을 살았다는 것이
이렇게 다른 의미로
나타나는 것은
마음이 그렇다고 해서입니다

세상 살아온 것을
발자취로 따져
경륜이라 하는지

누군가 나이를 물으면
세상을 많이 산 것이
죄라도 되는 듯

해둔 것 없이
허송세월한 듯
숫자로 말하기가 부끄러운 것은
이 무슨 반칙인지

세상 이런 줄 모르고 왔기에
애쓰며 산다고 했건마는
가는 곳 어딘지 모르고
그냥 갑니다
무작정 나는 가기만 합니다

석양을 바라보는
나그네 가슴
노을처럼 벌겋게 태우며
오늘도 나는 갑니다

이제는 울지 않으렵니다

심청이
아버지 기다리는
사부곡 들으며
나는 울었고

육군사관학교 교장님
생도에게 주신 말씀 중
박정희 대통령 일화에
감동하여 울었으며

회심곡에 흐르는
부모님의 태산 같은 은혜
내 다 못 갚아 울었습니다

날 낳아주시고
길러주시며
고생하신
부모님과의 이별이
서러워서 울고

사랑하는 아내
귀한 자식들
예쁜 손자를 바라보며
삶이 이런 거구나
이게 행복이구나 하고
나는 또 웁니다

그러나
오늘에 눈물 나는 이 감사를
나는
가슴으로 꼬-옥 끌어안고
이제는
이제는 울지 않으렵니다

나는 누구인가

나에게 묻는다
너는 누구냐고

교실에 앉아서도
공부가 본업인 줄 몰랐고
어여쁜 사람
반려자로 곁에 두고
귀한 줄 몰랐으며
자랑스러운 자식 됨을
자각하지 못했던
그게 나입니다

판박이 생명 옆에 두고
아내에게 고마워할 줄 몰랐던
나입니다

손자들의 고사리 손
내 손에 쥐고 보니
그 누가 지어(作)낸 생명인가
귀여워서
어여뻐서
웃고 또 울다 보니

나는 어느덧 이들의
할아버지입니다

나뭇가지에 앉아 있는
비둘기의 마음처럼
식솔들의 안위를 걱정하는
온 가족의
수장입니다

고마운 일에 감사하며
남은 인생 아껴가며
못다 한 일 찾아 하며
몸과 맘 바쳐 부지런 부리며
후회 없이 살아야 할
책임 있는 사람
그 사람이
바로 나입니다

양羊이여

나의 순한 양이여
초원으로 가자
아장걸음 걸어서
풀밭으로 가자

꽃피는 봄에는
동무들과 뛰고
무더운 여름일 땐
나무 그늘에 앉자

한 해에 한 번
묵은 옷 벗고
새 단장하면
얼굴 마주 보고 앉아
노래 불러보자

양치기 소년의 헛된 소리
솔깃하지 말고
앞서거니 뒤서거니
무리 지어 가자

검은 구름 몰려오면
비 오겠지
모진 바람
눈보라 치겠지

그래도 우리
떼 기질 앞세워
낙오되지 말고
이탈하지 말고
신 나게
멋있게
을미년을 살자

* 을미년 원단에

감꽃 인생

하얀 숨 몰아쉬며
겨울이 봄을 열면
보드란 속살 거친 껍질 비집고
꽃은 꿀맛 담고 핀다

초록색 떫은 열매
여름 햇볕에 걸고
두둥실 구름 타고
푸른 꿈을 나른다

하늘이 높아 가을이면
태양은 살이 올라 빨갛게 익어
단감 되고 곶감 되어
사랑이 여문다

내 할미가 주시고
내 어미가 건넨 곶감
오고 간 사랑 길이
내가 가는 인생길이다

구름 타고 갔는가

보았는가
목화 같은 뭉게구름

찾았는가
흘러버린 그 꽃을

있다가 없어지고
또다시 생겨나는

하늘에 펼쳐진
꽃밭에서

나는

어제 본 친구의 모습을
다시 찾지 못한다

* 떠나버린 친구를 그리며

이 얼마나 좋은가

여명 밝아와
어두운 밤 깨워
새 아침 열면
또 하루가 시작된다

동토를 덮은 소복한 눈은
잠자는 씨앗 포근한 이불 되어
새싹을 키워 푸른 봄을 연다

두둥실 떠 있는 구름
갖가지 모양으로 흩어졌다
다시 모여들면
푸르른 대지는 꽃으로 수놓인다

가슴 열고 싱그러운 들판에 선
너와 나
바람 불어와 가을 열리면
한바탕 춤판 벌어지는 이 삶이 얼마나 좋은가

내가 있어 네가 있고
오늘 이 행복 너 때문이라면
가슴 가득한 이 기쁨 어찌 감당하고 살까

친구 불러 마주 앉아 차 한 잔 같이 하고
그리운 사람 서로 만나 보여주고 나도 보자

이해관계 따져보는 도토리 키 재기
자존심 버려두고
가슴 열고 팔 벌려
서로를 품어보자

백 년 기약도 어려운 세상
지나고 보면 모두 꿈같은 세상
네 이름 내가 부르고
내 이름 네가 불러
서로서로 살아 숨 쉼을 확인하며 살자

하얀 가운 붙들고
애통하며 매달리던 사람
그 사람 끝내 살아보지 못한
귀하고 소중한 시간
너와 내가 함께함을
깊이깊이 감사하자

감나무

오늘 내가 사는 것
불만이 필요 없네

가만히 눈 감으면
고운 얼굴 떠오르고
세월 속 고운 추억
즐거웠던 일들이
주마등처럼 펼쳐지네

살포시 눈 뜨면
희망이 구름 타고 하늘을 날고
형형색색 꿈들
함께하자 손짓하네

욕심 없이 곁에 서서
동무하고 살자는 감나무
나 예쁘냐고 물어올 때
이보다 더한 행복 어디도 없네

가슴속에 따뜻한 사랑 머물고
내가 쓰는 사랑의 낱말들
알알이 열매 되어 열려 있는
이것이 감사이고 나의 행복이네

갈까 말까

갈까 말까
누가 누구에게 묻는가
어쩔 수 없이 가야만 하는데

멈춰 선 공간들이 모여 있는 동네
게딱지 바람 담아 흘러가는 고속도로
세월을 묻고(埋) 가긴 마찬가진데

역주행했던 일 무용담 되는 사람
한산한 길 복잡하다 투덜대는 사람
가는 길 곧게 걸어 감사 담는 사람
상처로 얼룩진 세월 한숨짓는 사람
모두 줄 세워 가는 길인데

갈까 말까 하고 누가 묻는가
멈춰 설 수 없는데
왜 묻는가

지금도 나그네는

빌딩 숲에 내린 어둠
적막강산이 거기였네
달그락 달그락
외로움 끌고 가는 밤 나그네

옷이 더러운지
피부색이 검은 건지
어둠을 입어선지
알 길 없었네

인적 끊긴 밤거리
시작이 두렵던가
밤이 무섭던가
콩닥콩닥 가슴 두드리며
축축한 밤을 지켰었네
어디선가
'토도 토도'* 경쾌한 노래가
'헬로우'* 애절한 노래가
내 곁에 붙어 밤을 새웠네

미국을 시작하던
팔십 년대 다운타운
추억의 자리 그 나그네
지금도
밤길 걷고 있을까

* Todo todo todo - Daniela Romo

* Hello - Lionel Richie

예쁜 친구

내겐
친구가 있습니다

늦은 밤
"고운 꿈 친구하고 잘 주무셔요"
문자 보내면
"네"
답을 보내는
그런
친구 있습니다

사귄 지 오래지 않은
예쁜 친구입니다

보고파도
만나고 싶어도
모셔 보기 힘든
애타는 친구입니다

살뜰히도
그리운 마음
보고 싶은 맘
깊어지는
그런 친구가 있습니다

여름 한기寒氣 겨울 온기溫氣

비가 온다
메마른 땅이 젖는다
먼지가 난다
말라버린 내 가슴
부스럭거리며 가루 된다

햇볕이 난다
비를 몰고 왔던 구름 걷힌다
희고 푸른색의 조화가
내 가슴을 적신다

물은 말리고 빛이 적셔주는
세상 이치를 이제야 깨닫는다

여름에 시린 한기가
겨울이 와서 포근해질 수도
있다는 것을

비가 온다
그리고
햇볕이 난다

옥구슬 눈물 되어

물안개 속 홀로 핀 연꽃
옥구슬 담고 방긋

햇살 퍼지면 떠날 임
어찌할까요

오신 임 가실까
구슬은 눈물 되어 떨어집니다

K900

새 발이 생겼다
새 발(鳥足)이 아닌
새 발足이다
네발 붙은 무쇠발이다

임을 태우고
친구도 싣고
라스베이거스도 가겠다
그랜드 캐니언도 가겠다

언제쯤
훨훨 나는
하늘 발도 생길까

나는 무엇이 될까

내 어릴 적 농촌엔
통시가 뒷간

도읍지에선
W.C.

꿈의 나라 찾아오니
쉼터(Restroom)란다

오솔길 걷고
신작로 뛰어
항로 날아
여기 섰다

변하고 달라진
내일
나는
무엇이 되어 설까

소·리·없·이·흐·르·는·강

제1부 : 소리 없이 흐르는 강

제2부 : 사랑의 비밀/판타지

제3부 : 행복의 분배

제4부 : 아름다운 접근

제5부 : 흔들리는 나상

임이여

임이여 오소서
먹구름 밀어내고
뭉게구름 타고 오소서

임이여 고운 옷 차려입고
푸서리길 피해
꽃길 걸어오소서

임이여
소낙비 맞지 말고
이슬비 동무하고 오소서

임이여
그리운 임이시여
예쁜 가슴 나를 덮어
꿈길 걷게 하소서

이제야 확실히 알았습니다

내 가슴 파도치던
당신과의 첫 만남
이렇게 큰 기쁨이고
사랑인 것을
예전엔 미처 몰랐습니다

낯선 땅 찾아와
별 이고 나간 길
달 지고 돌아온 길
이것이 감사인 줄
예전엔 미처 몰랐습니다

옆자리 조잘거림
자율 신경 조절하는
꿈나라 창가 잠꼬대가
파랑새 노래인 줄
예전엔 미처 몰랐습니다

고사리 손 예쁜 손녀들
보살피며 웃는 얼굴
고생인 줄 모르고 애쓰는 사람
당신이 보석인 줄
예전엔 미처 몰랐습니다

구석마다 뿌려진 사랑
오고 가는 눈길마다
피어나는 고운 미소
이 모든 것이
당신이 맺어준 열매임을
이제야 확실히 알았습니다

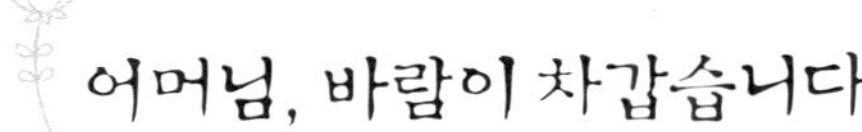

어머님, 바람이 차갑습니다

자식의 언 손 녹여주시던
따뜻했던 내 어머님의 가슴
어디 가고
비석 위에 얹은 아들 손은
이리도 차갑습니까

삭풍이 불어오는 언덕배기에
홀로 누워 계신 우리 어머니
이 추운 겨울 어찌 나실까요

어머님 뵙고 싶어 찾아온 장미 언덕
찬 손 녹여주시던 어머님의 입김은
매서운 바람 되어
이 자식 볼을 때립니다

겨울 가고 봄 찾아와
어머님 사시는 동네
무리 지어 꽃이 피면
울 어머니 장미꽃 되어
저를 반겨주시려나

어머니 !
올해는 겨울이
별나게도 춥습니다
감기 들지 마시고
편히 쉬옵소서

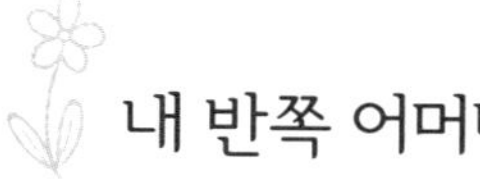

내 반쪽 어머니

해님이 숨어버린
서쪽 하늘엔
노을이 지고

엄마 찾는 소리 애끓어
달 없는 밤하늘
별이 총총한데

95년 한평생
하얀 꽃 되어
돌아간 고향 산천
황사黃砂만 날고

어디로 가시었고
언제 다시 오실는지
먼저 가신 길 물어물어
뒤따라가는 날 만날는지

기억마다 새로운
임의 모습 새기며
왕생往生 길 편하시라
두 손 모읍니다

어머님 뵙고 싶습니다

비단옷 입고
꽃가마 타고
시집오던 날
온 동네서 제일 예뻤던
우리 어머니

풀 먹인 모시 적삼 삼베치마
이 자식이 보기에도
청초하고 예뻤는데

가난한 살림살이
보릿고개 넘고 넘어
모진 세월 사시면서
죽으면 썩어질
몸뚱이를 아낄쏘냐
궂은 일 마다 않고
살아온 모진 세월

무탈하게 커준
내 아들이 미덥고
춘궁기 잡아간
나라님 고맙다고
아들 손 부여잡고
눈물 흘리던 내 어머니

이마에 그려진
세월을 베고
잠자리에 드실 때면
무릎 춥고 발끝 시리다던
우리 어머니
자식 위해 한생을 헌신한
내 어머니
어머님 모습 그리며
어둠 베고 자리에 들라치면

어머니
이제는 이 자식도
발끝이 시리답니다

어머니
어머니
진정 뵙고 싶습니다

북망산 아닌 장미공원

내 어머니 계신 곳은
북망산이 아닌
장미공원입니다

공기 좋고
전망 좋고
장미꽃 무리 지어 핀
장미 동산입니다

햇볕 따스한 공원에
아름드리 나무 서서
그늘도 시원한
장미 언덕입니다

머리 위에 동무
발아래 친구
좌우에 있는 벗들과
사이좋게 나누는 대화
아들 자랑이 전부입니다

멋지게 펼쳐진
경관 즐기시다
이따금 찾아가는 아들
손꼽아 기다립니다

남들은
우리 어머니
북망산으로 가셨답니다

아니라고
내 어머니 계신 곳
장미 동산이라 해도
나는 아는데
남들은 모릅니다

아직도
내가 가면
아들 왔다 반기시는
우리 어머니

내가 숨 쉬는 한
우리 어머닌
그 자리서
그 예쁜 동산에서
그 향기로운 꽃밭에서
아들 바라고 계실 것이
너무도 분명한데
남들은 아니랍니다

장미꽃 향기로운 언덕
이름도 멋진 장미 동산인데

언제 다시 오시려나

가을바람 하늬바람
서쪽에서 불 때
녹색 바랜 잎사귀
가지 끝에 흔들린다

봄맞이 남새밭에 심었던 씨앗
여름 햇살 보듬고
잎 넓히고 열매 키워
수확할 날 멀잖은데
거둘 사람 떠나가고
고추만 약 올랐네

누렇게 여문 단감
조랑조랑 달린 대추
같은 색깔로 숨어 앉은 참새
한 번 쪼아 하나 떨궈
훠이훠이 소리치던
허수아비 가고 없네

바람 끝 서늘한 계절 왔는데
봄에 떠나신 울 어머니
언제 다시 오시려나
마른하늘 바라보는 내 눈에
빗물만 고인다

* 2017년 봄(4월) 장모님이 가셨다.

사랑은 계절

봄에 피는 꽃
여름날에 내리는 소낙비
가을은 주황색 낙엽
그러나
겨울은 주름진 얼굴

석양 뒤를 따라오는
어둠의 숨바꼭질

사랑은

사랑은
감초처럼
달기만 한 줄 알았는데

사랑은
초오草烏 같이
쓰디쓴 것이었습니다

사랑은
감초 같아
아픔을 덜어줄 줄 알았는데

사랑은
초오같이
가슴을 오려내는 아픔이었습니다

사랑은
아편에 취한 듯
몽롱하고
형틀에 묶인 듯
괴롭습니다
그러나 사랑은
나를 끌고
사랑하러 가잡니다

그래서
나는
미운 사랑과
고운 사랑을 동무하고
어제도 갔고
오늘도 가고 있습니다

사랑
그것이 목말라서

삶이 다하는 그 날은

맑게 갠 하늘을
청명晴明하다 하고
구름 모여 흘러감을
운무雲舞라고 할까

사람이 태어남은
출생出生이라 하고
부모님의 사랑은
자애慈愛로 내려진다 하는데
자식의 섬김은
효孝로 받든다네

남녀 사랑을
애정愛情이라 하고
하다가 미워짐을
애증愛憎이라 하는데
해로偕老라는 두 글자
가장 큰 상이라네

희수稀壽 지나 미수米壽이면
망백望百이라 하는데

그러면,

삶이 다하는 그 날은
무엇이라 부르는가

우리 어머니와 감(柹)

어머니 하고 불러보면
호랑이보다 무서운 곶감
아들 곁에 와서 앉습니다

해님은 빨간 까치밥 되어
감나무 높은 가지에 매달린 채
당신의 아들을 내려다봅니다

꺼질세라 날을 세라
조심조심 쥐여주던 홍시
먼 길 가면 배고플세라
허리춤에 달아주던 곶감

울 어머니 마음
감이 삭아 꿀단지 되고
내 어머니 가슴
애가 말라 감 과자 됐던가

어머니
이 자식 보옵소서
홍시 담고 곶감 품은
아들 가슴에는
감나무 한 그루 섰습니다

울 어머니 계신 곳

달래 냉이 푸성귀
무명치마 담으면
어머님 노래 따라
봄이 왔지요

목청 뽑은 종다리
춤사위 멋진 범나비
울 어머니 대바구니
봄이 가득 넘쳤지요

꽃바람 불어오면
뭉게구름 불러 타고
푸성귀 무명치마
어머니 찾아가렵니다

임 떠난 빈자리

꿈에 왔다 간 임처럼
내 마음 허전하고
이별의 입맞춤이 남긴 여운
아쉽다

보고파 그리운 마음
간절하고
기약 없는 이별에
내 가슴 저민다

허공에 그려진 임의 모습
잡힐 듯 말 듯 애타는데
구름은 모였다 흩어졌다
흘러만 간다

나라님

애정愛情인 줄 알았더니
애증愛憎이었습니다.

애증이겠지 하였더니
실망失望이고 허망虛妄이었습니다.

폐허를 만들어놓고
폭탄을 묻어두고
저 배 건져라
내 배 째라

너도 먹어라 나도 먹으마
네가 먹기에 나도 먹는다
아니겠지
위에서 먹었으니 아래도 먹고
배 채운 욕심의 군살들이
고함치고 드러누워 뒹구는데

임이여!
가슴 치고 계실 내 임이여
애간장 끓는 그 마음을
어찌하시렵니까

* 나라님 생각하며

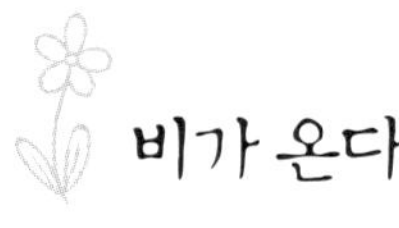

비가 온다

비가 온다
메마른 대지를 적시는
비가 온다

바람이 분다
비가 몰고 분다
처마 밑까지 날아든다

미국을 처음 만나던 날도
내 가슴에 눈물처럼
비가 왔다

막막한 내 가슴
알아주는 듯
하염없이
비가 왔다

사방이 캄캄한
답답한 내 마음을
위로해 주고 싶었을까
비가 찾아왔다

캘리포니아 놀웍시에
비가 왔다

갈 길 아득한
먼 여로에서
내 곁을 스쳐가는 사람들처럼
비가 내리고
바람이 불었다

비가 온다
옛사랑 그리는
애틋한 추억 속에
비가 내린다

챙 넓은 우산 받고
나란히 걸어가는 어깨 위에
또닥또닥 빗소리
사랑의 음률인 듯

비가 온다
감미로운 선율이듯
박자 맞춰 내린다

비(雨)가
비悲가 내린다

웬일입니까

당신은 봄비
여름날 소나기
넉넉한
가을 들판

그런데
지금은 멈춰 선
겨울이니
웬일입니까

인생은

인생은
웃으며 쓰고
울며 적고
자의로도 쓰고
타의로도 적는다

내 손바닥 내밀어
남의 사랑을 옮겨도 쓰고
힘의 지배 속에
이마를 빌려주어 받아도 적으며
가슴 뜯고 울분 삭이며
인생 역사 쓴다

그러나

삶이란
눈꽃(雪花) 녹아 아지랑이 부르고
여름 떠나 가을 오면
인생 찬가 부르게 되나니

회자정리會者定離

가면은 오는 것
이별은 만남인 것
서산에 지는 해 말 없어도
내일 다시 오겠다는 약속이듯
이 불변의 진리 되풀이하며
가는 것이 세월이니

세상 어느 귀퉁이
눈이 내리고
내가 사는 이 모퉁이
비悲만 내리는데

하늘이 내리는 하얀 눈꽃
풍요로움과 낭만이기보다
연례행사 같은 이 고생을
어떻게 하냐고
푸념하는 동네

비 내리는 보도 위에
떨어진 낙엽 밟는
연인의 속삭임
우산 아래 숨은
내가 사는 이 동네

가면 오고
만나면 헤어지는 것
그 누가 좋고 나쁘다 하리요

가는 것 마다하고
헤어짐은 싫다지만
뉘라서 순리를 외면하며
뿌리치고 피할쏜가

보듬고 젊어지고
가야만 하는 길이라면
앞, 뒷문 다 열어
들고 남을 편케 하고
만남과 이별을 쉽게 하지

토끼의 떡방아

홍동백서紅東白西 고셔놓고
어동육서魚東肉西 정한 자리
줄지어 앉은 산해진미

때때옷
색동저고리
남색 치마
바지저고리 차례대로
엎드려 손 모은
복을 비는 백야 성

하늘 가운데 띄운 쟁반
토끼의 떡방아
마주 보고 웃는 웃음
달빛 함께 번득이고
월광 소나타에 춤춘다

소 · 리 · 없 · 이 · 흐 · 르 · 는 · 강

제1부 : 소리 없이 흐르는 강

제2부 : 사랑의 비밀/판타지

제3부 : 행복의 분배

제4부 : 아름다운 접근

제5부 : 흔들리는 나상

꽃님이

그리움 낙엽 되어
내 가슴에 쌓이는데
내 사랑 꽃님은 없다

너와 내가 뛰어놀던
교정은 그대론데
풍상에 닳아
마른 바람만 분다

플라타너스 큰 잎사귀
너 작은 얼굴 가리고
하얀 치아 고운 입술
내 가슴에 있었는데

열매만 대롱대롱
옛 추억도 대롱대롱
기억 속에 예쁜 모습
내 마음 슬픔도
대롱대롱 매달렸구나

마주 보고 웃었다고
수궁 못 하는 체벌 투덜거리며
운동장 한 바퀴 돌고 또 돌고
힘 모자라 지친 너의 손 잡고
한마음 되어 뛰었었지

그리움 낙엽 되어
운동장에 뒹구는데
꽃님아
꼭 한 번만이라도 보고픈 꽃님아

꿈인 듯 새겨두고
슬픔인 듯 담아둘 걸
내 어이 너를 찾아
이곳엘 왔던가

무명 저고리 고름 말아
날 오라 손짓하던
어린 시절 소꿉친구
그곳엔 없었다

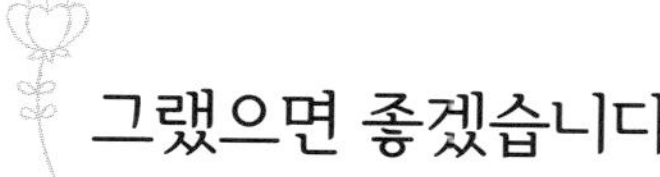

그랬으면 좋겠습니다

봄볕에 돋아나는 새순처럼
내 사랑도 그랬으면 좋겠습니다

파랗게 피어오른 잎새처럼
내 마음도 언제나 그랬으면 좋겠습니다

봄기운 따라 어여쁜 꽃이 피면
나도 나비 되어 날았으면 좋겠습니다

봄 향기 드리운 초원으로 달려가
고운 목소리로 노래 부르렵니다

꿈을 여는 잎새처럼 향기로운 아침을 열어
고운 사람 손잡고 풀밭 길 걸으며
오래오래 소망하며 살았으면 좋겠습니다

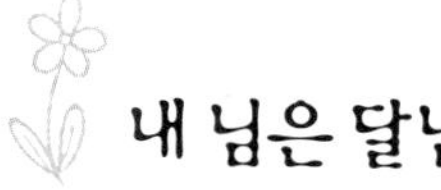

내 님은 달님

내 님은 초승달
소리 없이 나타나
오른 눈 살짝 흘리고
꿈나라서 만나자며 홀연히 사라집니다

내 님은 상현달
반나(半裸)로 찾아와
초저녁 산책길 동무하다
말없이 떠나갑니다

내 님은 보름달
환한 웃음 짓고 나타나
사랑을 가르쳐주는 밤의 여신
나의 고요한 세상입니다

내 님은 하현달
깊은 밤 찾아와
어제와 다른 아름다운 세상
만들어 살자 합니다

내 님은 그믐달
왼 눈 살포시 감은
고혹적인 님의 반쪽은
나의 치명적 사랑의 유혹입니다

내 님
소리 없는 달님은
어두운 길 밝혀주는
영원한 나의 동반자입니다

꽃처럼 어여쁜 사람

꽃처럼 어여쁜 너를 만나면
나도 꽃이 되어
그대 곁에 서고 싶다

네가 빨간 꽃잎 되어 흔들리면
나는 범나비 되어 꽃술에 앉고 싶다

가녀린 몸 땅에 세우고
하늘 향한 예쁜 꽃 피워놓고
수줍어 바람에 떨며
뿌리 되어줄 이 기다리는

너의 보이지 않는 마음속에
보석함 같은 고운 집 지어
범나비 날개 열어
너와
이 한밤 새고 싶다

추석

휘영청
밝은 달이 떴습니다
흰 눈으로 덮은 듯
달은
세상을 껴안았습니다

오손도손 모여 앉은 가족들
따뜻하게 감싸 안고
형제자매 나누는 대화
인정으로 보듬고
연인들의 속삭임에
사랑을 얹어주며
조상님 찾아 읊조리는 후손들
머리마다 복을 얹어주는

휘영청 밝은 달이
품위와
행복과
건강을 상징하는
둥근 달이
하늘 가운데 떴습니다

어둡고 험한 세상
살아가는 모두에게
사랑을 꿈꾸는
모든 이의 가슴에
한가위를 맞이하여
활짝 피어난 미소 위에
휘영청 둥근 달이
영원토록
떠 있으면 좋겠습니다

그때가 좋았다

거무스름한 밀가루 반죽
다지고 밀어 국수 되면
가족들의 웃음소리 후루룩

자루 속 하얀 밀가리(루)
봉다리(봉지)에 담긴 가는 국시(수)
가난했던 옛 시절
그것이 부러웠다

울리 사람 찐빵 좋아해
화상華商에 김이 솟던 하얀 만두
입가에 묻은 짜장
마주 보고 웃던 시절

주린 배 허리띠로 졸랐어도
뒤돌아보면
그 시절이 넉넉했다
그때가 배불렀다
그때가 좋았다

사랑한다는 말

사랑한다는 말은
봄날에 이는 아지랑이 사이로
불어오는 바람입니다

사랑한다는 그 말은
우산 속 마주한 어깨 위에
가슴 떨게 하는 빗방울 소리입니다

사랑한다고 속삭이는 말은
해가 솟고 달이 뜨는 것 같은
영원하자는 우리의 약속입니다

복이다

사지四肢 멀쩡케
태어난 것 복이다

단절된 남과 북
위에서 아래로
내려와 산 것도 복이다

어여쁜 아내 사랑
의젓한 남편 인정받고
교직 받든 제자 사랑
은사로 추앙받고
곧은길 교단 길
나라의 부름 받고
혈육 사랑 내 몸 같아
자식들에 모범되니

모두가 복이다
온통 복이다

제자들이 주는 존경보다
교단에서 붙여준 지위보다
국가가 안겨준 훈장보다
건강 친구 함께함이 복이다
검버섯처럼 따라붙는
아내의 그 사랑 진짜 복이다

두 손 멀쩡 두 다리 멀쩡
태어난 그대로라 복이다

그런데 그러한데
또 한 다리
지팡이가 웬 말인가
그래도
그러함에도
나는 복이다

* 선생님 옥체에 사지(四肢)라는 표현이 죄송하다.

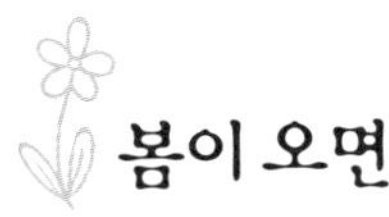

봄이 오면

풀섶 우거진 들판에 서서
가슴에 꿈을 심던
그 시절이 그립다

어지러운 세상 내가 설 자리
밝음은 어둠에서 찾고
옳음은 그름에서 깨달은

불변의 진리는
연막이 눈을 가려
언제나 어지럽다

유년에 담은 가르침
옳은 것은 언제나 옳고
그른 것은 이미 글렀다

여름 지나 가을 오면 겨울도 따라와
장군이란 명찰 밀어내고
봄이 오면

나 이미
그 아가씨의 아장걸음
가슴 두근거리며 맞고 있다

부르자 희망가 크게 부르자
동그란 목청하고 봄노래 부르자

선생님께 드리는 인사

선생님!
묵은 달의 끝 날은
새달의 첫날에 밀려 자취를 감춥니다

섣달이 찾아와
발버둥 치지만
속절없이 꼬리를 감추면
또 무엇이 올까요?

지난해도 그랬고
저지난해도 그랬습니다.
올해도
영락없는 그 자리에 다시 서서
같은 질문합니다

다르다면
넋두리를 받아주시는 분이
선생님이라는 것입니다

해마다 이맘때면
서글픈 마음을 주체키 어려운데
선생님!
올해는 그러지 않으렵니다

가까운 곳에 선생님 계시고
선생님 뜻 가운데
한자리하고 있다는
이 귀한 믿음으로
행복하다 하렵니다

우리 선생님의 건강을 기원하는
저의 가슴은 여름날이기에
저무는 해의 냉기도
턱밑에서 식습니다

10월의 둥근 달이 중천에 떠 있어
섣달을 보내는 마음도
보름달입니다

* 2014년 12월 6일(음력 10월 15일)

소망이지요

어떤 손길
우리 불러
사랑방에
그것도
글 사랑방에
마주 보고 앉혔네요

반갑고
고마워서
눈물이 나려네요

그냥 눈길만 마주하다 멀어짐보다
내가 있고 네가 있다는
네 아픔이 내 아픔이라는
나누면 가벼워진다는
인정까지도 통하는 삶이었으면 하는
소망이지요

장미 언덕에서

장미보다
더욱 장미 같던 사람

가시 무서워 울며 갔을까
향기 취해 잠들었을까

못 잊어
그 자태 못 잊어

오늘도 홀로 앉아
나는
아스라이
옛 추억 그린다

그리운 사람

나는 행복한 사람

아침에 눈을 뜨면
같이 숨 쉬는 사람

내가 배고픈 줄을
자기가 먼저 알고
뭐 잡술라느냐네요

운전대 옆에 앉은 사람
자기가 운전하듯
가라 하고 서라네요

귀한 손녀 예쁜 모습
까르르 웃는 모양
그 모습이 할머니 같다네요
노래 잘한다고
춤 잘 춘다고
인사 잘한다고
할아버지 닮았다네요

무도인들 모인 자리
개막 인사 기분 좋고
문하생이 주는 인사
향기로워 아름답고
풍악 소리 어우러진
미소 파티 윙크파티
귀갓길 옆에 앉아
밝고 환한 표정
결과분석 바쁜 사람

나는 행복한 사람

뭉게구름 속에는

보았는가
솜털 같은 뭉게구름

잡았는가
놓쳐버린 그 꽃을

있다가 없어지고
다시 살아나는

하늘 가운데 펼쳐지는
화판 속

어제 본 그 모습은
간데없고

다시 오지 않을
떠나버린 친구여
너 지금
어디서 무슨 구름 되어 흐르는가

무화과無花果

끝내 닫아버리고 마는
멍들어 아픈 무화과야

봄의 전령인 듯
열매부터 내밀은 네가
그렇게도 수줍고 부끄러웠나

뒤늦은 잎을 보고
샛눈 흘기더니
그 행동 부끄러워
꽃술 숨겼나
여름 햇살 가슴에 안고
슬퍼서 울었나

숨기고 감추다가
빨갛게 멍들고 마는
상처뿐인 너를
눈물로 바라본다

멈춰 선 발길마다

멈춰 선 발길마다
회한이 남고
시선 머문 하늘가엔
임의 미소 가득한데
바람은 감나무 가지를 흔들고
지나갑니다

어디로 가시려고
기억을 지우시며
무엇이 싫어
눈을 감으셨습니까

95년 한평생
불행했다 마소서
모시고 산 30년 추억
가슴에 간직하고 살겠습니다

행복했습니다
고맙습니다
장모님

둘일 수 없는

태양
둘일 수 없어
하나입니다

달
하나를 쫓아 도는
또 하나입니다

내게도
가슴속에 사는
하나가 있습니다

조금은
버거운 듯 넘치는 듯
사랑 하나

평생을 지고 갈
운명 하나
그것이 내게 있습니다

한 해가 열두 달(月令歌)

정월
설날이라 기쁘고
새해 시작이라 달뜬 마음

이월
바람 할머니 기세에 풀이 죽고

삼월
훈훈한 바람 새 기운 실어와
힘주어 어깨 펴면

사월
춘궁기 나를 덮쳐
허기진 배를 안고

오월
강남 제비 노랫소리
반가워 웃으면

유월
농사철 일손 부족 어린 몸에 힘겨워
논둑 서서 울었다

칠월
하늘 전설 견우직녀
고개 들어 별을 세며

팔월
한가위 즐거워
세상이 내 것이라
온 마을이 좁았는데

구월
가을 화가 붓을 들고 앞산 뒷산 물들여
그림 같던 내 고향

시월
벼 익은 가을 들판
허기질 일 없어
그래서 좋았다

동짓달
논바닥이 얼음판
썰매 타고 놀던 시간
하루가 짧았는데

선달
한 해가 덧없다
세월이 유수하다 탄식하고 서 있네

한 켤레 고무신 손에 들고
길고 긴 밤 섣달그믐
잠 못 들어 애태우던
철없던 어린 시절
이제는 어디 가서
다시 한 번 찾아보나

삶은 축복입니다

쏟아지는 은빛 햇살처럼
빛을 머물게 하는 사람 있다면
당신의 삶은 축복입니다

무심한 대지를 깨우는 봄비처럼
설레임 안겨주는 사람이 있다면
당신의 하루는 감동입니다

흔적 없이 사라지는 허무한 삶에
영혼을 촉촉이 적셔주는 사람이 있다면
당신의 가슴은 사랑입니다

수확보다 상실이 많은 여정에
또 한 번 시작하자 다짐하는 사람이 있다면
당신의 내일은 꿈 밭입니다

가까이 할 수 없는 사람이라도
포기하지 않는 열정 심어준 당신은
생을 살찌우는 눈부신 선물입니다

제1부 : 소리 없이 흐르는 강

제2부 : 사랑의 비밀/판타지

제3부 : 행복의 분배

제4부 : 아름다운 접근

제5부 : 흔들리는 나상

바람과 인생

바람 불어서 꽃이 피고
꽃잎 떨어져 열매 맺히거늘
낙화 주워 들고 울지 말자

불어서 바람이고
흘러서 세월이며
늙어서 인생인데
그 어떤 것도 무한하지 않은 세상
구름에 실려 아득히 흘러간 내 청춘
그저 되돌릴 수 없는
세월의 한 장면일 뿐이라

겨울 장미

세 모퉁이 막아선 담벼락
아무도 없는 뒷마당
홀로 핀 겨울 장미

그 누굴 보여주려
단장하고 홀로 서서
고운 자태 자랑하며
찬바람에 떨고 있나

나를 보라고
내가 보고 싶다고
떨고 선 너의 모습
그 사랑 내 몰랐네

시들지 마라
지지 마라
꺾이지도 마라
애원하는 내 마음
간절하고 애달픈데

너를 품은 이내 가슴
빠알간 이 사랑
장미 너라 알겠는가

무화과無花果 II

꽃이 없는 열매라고
무화과라 했던가

봄이 오면
잎새 하나 열매 하나 나란히 싹터
경주라도 하듯이 내민 얼굴
봄 노래 부른다

파란 하늘 쳐다보며
잎새는 가슴 열고
열매는 수줍은 듯
얼굴을 감싼다

헤아릴 수 없는 꽃술
주체하지 못한 부끄러움
감추고 덮어도
부끄러워 고개 못 든
무화과여

가슴 보듬고
홍조 띤 얼굴 감싸며
웅크리고
틀어 앉은 네 모습
붉다 못해
보라색으로 변했구나

그 누가 이 수줍은 꽃을
무화과라고 불렀던가

감춰진 아리따움
열어 보이지 못한 안타까움
안으로 삭히며
흑자색黑紫色 고운 옷 차려입느냐

봄

봄볕에 돋아나는 새순처럼
내 사랑도 그러렵니다

파랗게 피어오른 잎새처럼
언제나
내 마음도 그러렵니다

봄기운 따라 향기로운 꽃이 피면
나는 나비 되어 나르렵니다

봄 향기 드리운 초원
달려 나가 고운 소리로
사랑 노래 부르렵니다

봄빛 포근함에
꿈을 여는 잎새처럼
고운 사람 손잡고
향기로운 아침 열어
저녁노을 질 때까지
오래오래 소망하며 살렵니다

새해에는

가라 하지 않아도 떠나고
부르지 않아도
찾아오는 세월
달려만 가는 세월이 야속합니다

원망도
그리움도
부리던 허세도
세월 앞에선
모두가 부질없던가

어쩌면
그래서
남은 시간이
더욱 소중하고
아름다운 건가

소중한 벗이여
사랑하는 임이여

이 세상 떠나고 나면
언제 어디서
무슨 인연으로
다시 만나겠습니까

부드러운 눈길로
따스한 가슴으로
사랑할 가치가 있는 모든 것을
사랑하며 삽시다

초대하지 않았는데도
찾아온 새해라고
괄시하고
원망 말고
새로운 마음으로
반갑게 맞아
한 번 더 속아봅시다

어제처럼 오늘도
변치 않는 사랑으로
행복하게 살아봅시다

봄, 여름, 가을 그리고

종달새 울음소리에
잠자던 새싹이 일어나
나도, 나도 하고
경쟁하듯, 뽐내듯 파란 손 내밀면
꽃잎은 웃음으로 맞잡는다

하늘만 보고 가는 나팔꽃
목청 돋우어 노래 부르면
파도는 출렁이며 합창하고
울긋불긋 예쁜 모습들
멱 감자고 뛰어들 때
풍덩 철석
일렁이는 물결 따라 계절이 여문다

바람 불어 갈대 흔들리면
하늘거리며 날아가는 꽃잎 따라
시몬의 고운 손 잡고
사랑 노래 부르며 나선다

사뿐사뿐 설녀(雪女) 걸음 내 뒤를 따르고
눈부시게 화사한 신천지에
산토끼 발자국 새겨지면
여린 생명 하얀 이불 덮고
살포시 긴 잠에 빠져든다

춘하추동 내 가슴에 묻혀 잠이 든
고운 사람처럼

홀로 핀 연꽃

물안개 속 홀로 핀 연꽃
옥구슬 담고 방긋이

햇살 퍼지면 떠날 임
어찌할까요

오신 임 가실까
옥구슬 눈물 되어 떨어집니다

장미

장미 꽃봉오리
내 님의 모습이고
화사하게 피어나는 꽃잎
내 님의 웃음이며
달콤한 향기
나를 부르는 내 님의 몸짓입니다

그러나

꽃잎에 맺힌 이슬
지난밤 홀로 새며 흘린
나의 눈물이고
스쳐가는 바람
밤새 쏟은
나의 한숨입니다

그렇지만

내게는 장미같이
예쁜 사람 있어
꽃향기 바람 타고
나를 찾아와 주는
멀리 있는 듯
함께하는 듯
내 님은
내 안에 있습니다

인생길

노오란 꽃잎에 앉은
호랑나비 한 마리
날개 넓게 펴고 어디로 날아가려는가

파아란 풀잎에 맺힌 이슬
따스한 햇살 너머
어디로 꼭꼭 숨어버리는가

눈부신 위용을 뽐내며
고개를 드밀던 해님
붉은 저녁놀 두려워
어디로 도망쳐버리는가

산허리에 걸린 구름 한 점
다시 오마 기약 없이
속절없는 그 이별은 무엇인가

계곡 따라 흐르는 물
대자연과 합창하며
바다로, 바다로
흘러만 가는 것은 웬일인가

봄 아가씨 손짓하여
여름을 부르고
가을이 가면서
겨울을 초대하는

톱니바퀴 돌 듯
세월을 밟고 가는
이것이 인생, 인생이런가

흐르고
또 흘러
되돌아올 수 없는 길이
인생길이런가

봄이라는데

산허리 감아 도는
꽃 그림자
봄인가
춘절이
삼월인가

삼라만상 소생하는
봄이라는데
하늘빛 넓은 거실
쓸쓸한 그림자는
봄을 알까

서럽다
울어라도 보련마는
봄은 무심타
말이 없네

글샘터 한글 공부

초등학교 입학하여
내가 배운 가나다라
중등학교 들어가서
영어공부 알파벳 송
고등공부 인생 대학
팔구 년을 더하면서
쓰고 또 익히며
배움 길 돌고 돌아
여기까지 왔건마는

무엇을 배웠던가
채워진 게 뭐 있던가
텅 빈 가슴 두드리며
다시 한 번 담아볼까
부족한 것 메워볼까
다 같이 둘러앉아
띄어쓰기 한글 공부
이제 다시 시작하네

* 두 선생님께서 가르쳐주시는 문학을 공부하며~

그대 거기 계십니까

그대 거기 계소서
나 여기 있습니다

그대 거기 계신다고
나 의식하지 않아도
무심한 듯 그대 마음은
나와 함께였습니다

바라건대
그대 거기 오래오래 계소서
나
해바라기 되어
그대 바라보며
영원히 함께할 것입니다

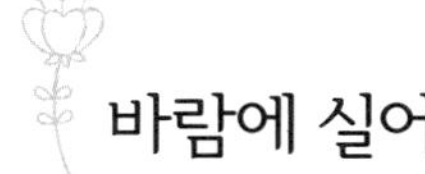

바람에 실어

바람이 인다
슬그머니 아닌 듯
이는 바람은
때론 태풍 되어
나를 곤두박질친다
인고의 세월을 동여맨
썩은 동아줄
그 언제 날려 보낼까

바람에 실어

병신년丙申年이여

그대는 드디어 오셨습니다
우리 어진이의 곁으로
살포시 오셨습니다

그대 재주 있음을
우리 어진이의 웃음 곁에서
나의 어진 사람의 건강 옆에서
인정받으시고
사랑받는 한 해이소서

서두름 없는 느긋함을
옹색함 없는 넉넉함을
궁색함 없는 풍요를
어진이의 생각이 머무는 곳마다
함께하게 하소서

병신년이여
진정 환영 드리오니
우리 어진이 곁에서
올 한 해
평안平安으로 거居하다 가소서

꿈과 현실

꿈은 허상이다
그러나
현실을 베고 꾼다

삶은 고달픈 현실이다
그러나
지나고 보면 꿈이다

꿈에 왔다 간 사람

꿈에 왔다 간 사람처럼
허전하고
이별의 키스가 남긴 여운처럼
아련한데
아직도
내 손에 남아 있는 너의 체온
나를 떨게 한다

행복입니다

휘영청 밝은 달을 바라보면
달님은 반갑다고 미소 짓습니다
바라만 봐도 富者 되는 날
눈을 뜨고 있다는 것만으로도
행복한 그 날 추석입니다

고무신 한 켤레 사두고
날밤을 새우던 어린 시절
배고팠던 여름에게
물러가라 호령하던 가을 풍년
보릿고개 넘던 추억
그 아련한 행복이
잘 그려진 그림처럼 펼쳐지고
시인이 읊어주는 아름다운 노래 따라
방아 찧는 토끼의 절구 소리에
은하수 조각배 띄워놓고 흘러갑니다

행복입니다
아름다운 추석
풍성한 추석이 내 앞에 펼쳐진
이것이 행복입니다

고개 들어 하늘을 우르르는
내 살아 있음이 진정 행복입니다

이 명절이 복입니다
습관처럼 드리는 제사상
남들은 나를 보고

그런데도 이 명절이 복입니다
가신 님 그리는 풍성한 제사상
온 식구들이 둘러앉은 잔칫상
조상님이 주시는 선물이고
위에서 내려주신 복입니다
하던 것 잊지 않았다고
칭찬해 주시는 명절
그것이 복입니다

오란다고 오겠습니까?
보고 싶다고 마음대로 보겠습니까?
오라 하지 않아도 먼 곳 가깝다고
천 리 먼 길 십 리라며
콧노래 부르며 나서는
요술에 걸린 날
바로 그 날인 추석입니다

모든 이의 가슴이 넉넉해지고
모두의 곳간이 가득한
만인의 행복 추석입니다

그 행복의 추석, 풍성한 추석
진정 느낌만으로도
삶이 즐거운 인생 아니겠습니까
마음껏 누리소서
행복하소서

효심이 지극하다 말하지만
일 년이면 차례대로
정해진 일정대로 열리는
연례행사일 뿐입니다

핏줄의 만남

시냇물 흘러들어
강물 이루듯
우리는 만났습니다

강물이 모여
바다를 만들듯
우리는 그렇게 만났습니다

핏줄의 끌림이
바다를 가로질러
태평양 연안에서 만났습니다

형제자매의 사랑이
하늘을 날아
광활한 대지에서
우리는 만났습니다

성난 파도가
밀려들 듯
가슴 벅찬 감정으로
얼싸안고 울었습니다

너는 거기
나는 여기
떨어져 못다 나눈 정

울었고
웃었고
손잡고
얼굴 비비며

밀려 있던 모든 것을 털고
원도 없고 한도 없이
맑은 하늘을 우러르는

이것이 애끓는
형제자매의
정이었습니다

통즉불통, 불통즉통

호호 하하
아이도 호호 어른도 하하
웃음소리 뒤엉킨
시끌벅적한 공원
막힌 것 없어
너도 뛰고 나도 뛰네(通則不痛)

하늘 가린 잿빛 구름
세상이 어둡다가
바람이 걷어가니
얼굴이 훤하다네(通則不痛)

출퇴근길 몰린 차들
거북처럼 기어가니(不通)
교통체증 심각(痛)하고

한적하게 열린 도로
통즉불통通則不痛이라
새들처럼 날아가네

내 마음 몰라 준다
쌈질하는 사람들은
불통이 준 선물이고(不通則痛)

두 어깨 나란히
걸어가는 저 사람들
서로 통해 웃고 가네(通則不痛)

통통통통(痛)
급하게 굴러가는 바퀴 소리
병원복도 요란한데
고통을 못 참아서
통통거리고 달린다네(不通則痛)

세상사 모두 그러하니
불통하여 울지 말고(不通則痛)
서로 통해 웃고 살세(通則不痛)

제1부 : 소리 없이 흐르는 강

제2부 : 사랑의 비밀/판타지

제3부 : 행복의 분배

제4부 : 아름다운 접근

제5부 : 흔들리는 나상

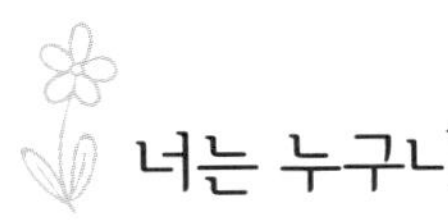

너는 누구니

꿈에도 보고 싶고 깨어서도 보고 싶고
하루의 생활에서 나와 함께하는 너는 누구니
잠들면 꿈속에 있고 손잡으면 손안에 꼬옥 잡혀 있고
안아보면 너희 작은 어깨가 내 가슴으로 감싸지는
업어달라 업히는 너의 무게가
즐거움으로 가슴을 채워주는 너는 누구니

누구기에
어디서 왔길래
내 곁에서 온 집안을 휘젓고 다니며
난장판을 만드니
그뿐이랴
나의 가슴까지도 헤집고 다니면서
발자국 새기더니
알게 모르게 내 가슴에는
너만의 자리가 만들어졌구나
무슨 인연이기에
내 곁에 와서 버티고 있는 거니

초등학교 입학 조건 몇 달이 모자라
유치원 성적표
선생님 추천서 받아
학교 가더니 자기 반의 일등이다
학교가 끝날 때면
빠짐없이 Super Star 훈장 가슴에 달고
학교장님은 엄마 아빠 불러
학교에 이런 학생 있어 자랑스럽다 특별치하한다
한국말 잘하고 영어 잘하고
학교가 중국계라 중국말도 배운다
엄마 아빠 힘들다고 말을 아끼는 성숙함도
동생을 아껴주는 언니 된 의젓함도
교우들을 사귀는 사교성도 있다
선생님 존경하여 복종할 줄 알고
맡겨진 숙제 풀어갈 때는
약속은 지켜야 한단다

손가락 발가락이 유난히도 어여쁘다
길쭉길쭉 볼록볼록
예쁘게도 생긴 손, 발가락 예뻐서
만져보면 내 손안에 쏘옥 들어오는데
그 작은 손이 연필 잡고 쓰면
팔딱거리는 가슴으로 쓴 글이 예쁘다
어쩌면 작고 여린 가슴에 저런 감성을 담아
종이 위에 그려놓는
너는 누구니

공수래 공수거

빈손으로 왔다
맨손으로 간다

삶은
가까이서 왔다가
죽음은 멀리 가는가

한 조각 구름 일어나듯
이 세상에 와서는
조각구름이 사라지듯
떠나는 게 인생인가

뜬구름 본래
그 자체 없고
먹구름 머물다 떠난
흔적 없는데

잡으려 해도 형체 없고
움켜쥐려 해도
실체 없나니

허허 웃고
훌훌 털고
바람 따라 걸어
정처 없이 가는 길

애달픈 인생
서글픈 사랑
가지고 온 것 없는데
거머쥐고
갈 것인들 있을쏜가

빈손으로 온 세상
맨손으로 가는 게
인생인걸

춘하추동

세월은 나를 데리고
어디로 가는가

봄이 오는 길목에 세워
돋아나는 새싹을 보게 하고
생명의 신비를 알게 하더니

뭉게구름 뜬 하늘
출렁이는 바다에서
여름의 손짓 따라
파도를 벗 삼게 하고

가을의 높은 하늘
주렁주렁 열린 꿈의 결실
삶의 즐거움이라
나를 달래주고는

그 세월은 나를 데리고
눈꽃 피어 있는
하얀 길 올라
외롭게
쓸쓸하게 앉혀두네

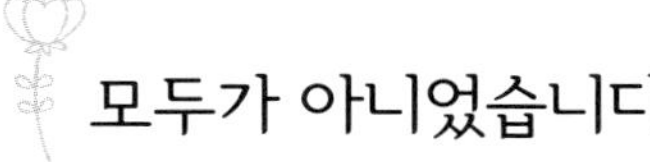

모두가 아니었습니다

내 조국 찾아가며
이국적 비행기를 타는 게 아니었습니다

내 나라 내 땅인데 모든 것 낯설어
내가 그리던 조국이 아니었습니다

신작로로 바뀌진 꼬불꼬불 정겹던 길
내가 걷던 오솔길이 아니었습니다

박 넝쿨 이고 앉은 초가지붕 간데없고
울긋불긋 색동 지붕 적어진 마을도
내가 살던 고향은 아니었습니다

가게에 놓여 있는 노란 빨강 과일
보기에는 좋았지만
내 미각에 새겨진 옛 과실이 아니었습니다

뱀장어 회 담겼던 좌판대 위 바구니
식당으로 옮겨 앉아 으스대는 그 맛도
혀끝에 남아 있는 옛 맛이 아니었습니다

머리에 서리 이고 찾아간 나그네도
그 자리에 뛰어놀던 그때 그 사람이
아니었습니다

감사한 세월

요술쟁이 세월 흘러
철부지 핏덩이
세상 품은 어른 됨은
해 바뀜의 감사이고

검 자주 제상 위에
넘치게 차린 음식
며느리의 정성 담은
새해의 기쁨이고

어동육서魚東肉西 홍동백서紅東白西
가지런한 산해진미山海珍味
넘쳐나는 홍복洪福
감사하는 세월이라

남녀 구분 없이
손녀까지 엎드린
오색 찬란 절(拜)의 행렬
설날의 진풍경이네

조상님 찾아오셔
절 받으며 웃는 모습
감사의 인연 마주하는
명절 상床의 행복이라

세월 아님 그 누가
설을 불러오며
가신 부모 모셔다가
오색 꽃밭 앉히리오

이 몸 늙어가도
구름 위에 꿈을 띄워
두둥실 하늘 날며
따뜻하고 풍성한 비가 되려오

아득히 저 멀리

머물러 함께할
젊음인 줄 알았는데
영원히 같이 갈
사랑이라 믿었는데
희미한 기억 속으로
아득히 멀어져 간다

떠나보낸 것 아닌데
떠나온 것도 아닌데
어이해
구멍 뚫린 빈 가슴
흘러가는 구름처럼
아득히 사라져 가는가

이 풍진 세상 모퉁이를

눈 속에서 피어나는 매화꽃
얼음장 밑에 노니는 잉어
동토 아래서
생명을 키우고 있는 새싹
내 가슴 고동치게 하는
생명의 힘이리라

서산에 숨은 해
동산에서 어둠 깨고
여명이 트는 아름다운 이 세상

내
나그네 되어 걸어감이
참으로 멋지다

비싼 값 치르고
받아온 것도 아닌 삶을
거저 얻은
감사한 이내 삶을

가는 길
가야 하는 길
기쁜 마음으로

이 풍진 세상 모퉁이를
사나이라는
자랑스러운 이름으로
고운 사람 손잡고
즐거운 노래 합창하며
생이 다하는 그 날까지
돌아가리라

나물 먹고
물 마시고
팔을 베고 누웠으니
대장부 살림살이
이만하면 족하리니

창살 없는 감옥

영어 잘 몰라도
숫자는 밝아
번호 보고 버스 탄다

빌딩 위에 매달린
시바스 술병 보고
버스 내려 일터로 간다

어느 누가 가져갔나
그 누가 다 마셨나
병째로 들고 갔나
내릴 곳을 못 찾는다

산봉우리 하얀 눈
그래서 겨울인가
나뭇잎 무성하니
지금이 여름인가

문밖에 서 보면
해 뜨는 곳 분명찮고
한 발 더 나가면
돌아올 길 가물가물

미국 생활 지옥이다
간수 없는 철창이다
창살 없는 감옥이다

인생무상

지지 않는 꽃
어디 있고
늙지 않는 사람
어딨던가

원두막에
홀로 앉아
참외 한 입 베고 보니
해는
서쪽으로 기울었네

꿈인 듯 세월이

꿈인 듯 아득한
지난 세월을

추억이라
이름 합니다

순한 얼굴로
찾아온 이 해도
그 이름 속으로
숨어드는

아
세월이
꿈인 듯 또 갑니다

떠난 친구

어제 나는 우정이
새삼 그리워
고개 들어 하늘 본다

환하게 웃어주고
이해심으로 보듬어주던
다정했던 친구

불러도 대답 없이 흘러간다
흰 구름 타고 간다
마치
여의봉을 쥔 손오공처럼

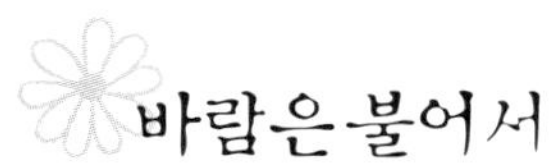

바람은 불어서

하늘과 땅을 채색하는 예술가
그 이름, 바람
뭉게구름 먹구름 모으고 흩으며
심술 나면 흰 구름 잡아다가 검은 구름 만들어
고개 숙여 뛰어가는 사람들 흥겹게 보다
예고 없이 심통 같은 소낙비를 내리며
마음 내키는 자유자재
등에서 밀고 앞을 막아서는
그 이름, 광풍

봄바람 불어 잠든 대지 깨워
새 생명 불러 세워놓고
나를 보고 꽃길, 오솔길 걸으라 하네

수평선에 하얀 아지랑이, 뭉게구름
흰 돛배 띄워놓고
여름 바람 바다 문을 열어 나를 부르네

바람결 따라 풍선이 하늘 높이 날고
새파란 파도 따라 사랑의 노래
가을바람 한들한들 키다리 코스모스 흔들 때면
내가 흔든 건 노스탤지어의 영원한 손수건

겨울바람 불어닥쳐 나의 볼을 치고
이민 온 나그네 안쓰러워 이마에 피는 눈송이
장대 같은 소낙비 쏟아지고 눈보라 휘몰아쳐도
등 뒤에 바람 지고 삶의 여정을 거침없이 걸어온
나, 바람아, 강풍아

나를 감싸주고 지켜주는 바람 따라
예까지 왔는데
이제 평생을 함께 불던 그 바람
나를 두고 어디로 가려는가
바람에 뻥 뚫린 내 가슴
무슨 바람이 또 불까

박제된 가을

가을 낙엽
색깔이 곱다

살아온 세월만큼
피부는 거칠고
꽉 쥐면 부스러질 듯
몸은 허약한데

명맥은 끊어졌다 붙었다
손바닥에 새긴 손금처럼
위태롭게 이어져 있다

봄에 태어나
여름을 피우고
가을을 익혀
나를 찾아왔는지

따뜻한 정을 담고
낙엽을 박제한 너는
추운 겨울을 비켜선
영원한 가을이다

불세출의 영웅이여

초근목피 사자성어
탄식의 노랫가락
사라진 지 반백 년

풀떼죽 한 그릇
저녁 식사하고 나면
해는 서쪽 하늘에 걸려 있고

대마는 밟고만 서도
하늘이 빙빙 돌고
천문학 안 배워도
지구는 돌았는데

불세출의 영웅 오셔
걷어간 보릿고개
이렇게도 사는구나
꿈도 많던 희망고개

대한민국 대표곡
새마을 노래
목 터지게 합창하던
우렁찬 응원가

이 풍진 세상 조선 백성
하나 되어 부른 합창
잘살아 보자는 희망가
50년을 불러온 태평가

한강에 뜬 유람선
다 함께 부르던 뱃노래
지금도 하모니 싣고
물결 따라 흐르는데

꿈 심고 희망 줬던
그 임은 어디 갔소
그립고 보고픈데
어디 가면 뵈옵나요

귀먹어 3년 말 못 한 3년
심 봉사 흉내 3년이던
그 옛날 어머니들의 여한가를
다시 불러야 합니까

들을 수도 없고
보이지도 않으며
말할 곳도 없는
이 난세를 어이할까요

어디에 계십니까
불세출의 영웅이시여
이 땅에 다시 한 번 오소서
이 시국을 수습해 주소서

말문 열어주시고
눈을 뜨여주시고
귀를 열어
듣게 해주소서

내부의 적들 물리칠 힘을
화합할 수 있는 용기와 기회를
동해의 밀물처럼 넘쳐 들게 하소서

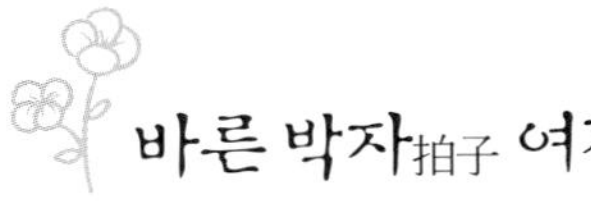

바른 박자拍子 여정

당신은
봄날의 아지랑이였고
여름날의 소나기였다오

당신의 가슴은
가을 들판처럼 풍요롭고
겨울의 내리는 눈처럼
공평했다오

당신과의 인생 여정
엇박자 아닌 정 박자로
원앙 걸음 뒤뚱뒤뚱
물길 열어갑시다

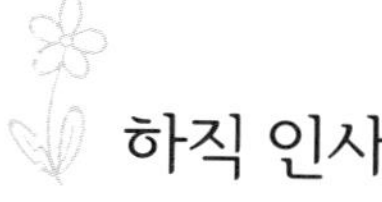

하직 인사

해님 미소로 그려진
비바람 몰아친 삶
계절과 함께한 인생 여정

바른길 굽은 길
높고 낮은 언덕길
한 많던 여자의 일생

마지막 모퉁이 돌아설 때
목메어 드린 하직 인사
"장모님,
함께했던 세월 고마웠습니다"

알려 해도 하려 해도

시를 짓고프나
시상이 가까이 없다

사랑을 하고픈데
애타는 혼자만의 꿈이다

가려 하나 길이 막혀
하려 해도 힘이 없는
만년晩年의 내 인생이 슬프다

이제까지의 성적표
만족해야 할까

높지 못해 낮았고
넓지 않아 좁았던
꾸부러지고 뒤틀린
지나온 내 인생

이제도 알 수 없는
아득한 길
언제로 어떻게
마침표를 찍을까

알려고 하나 알 수 없는
하려고 해도 할 수 없는
이것이 인생이던가

교통 법규

자동차에 붙은 규제
파란불 가라, 빨간불 서라, 노란불 준비하라

노변이 빨간색 주정차 금지
주차 허용 한두 시간
규정 넘겨 달리지 마라
도로교통법 많은 조항
지킬 조건 많아 어지럽다

너도 몰라 나도 몰라 교통 위반 왜 하는지
티켓은 왜 받느냐 어리석은 질문 가면
재수 없는 사람 받는다는 현답 온다

캘리포니아 세 번 세면
빵빵대고 소리치고 손가락 세운 욕설
운전대 잡고 앉은 신사 숙녀는 없다

약속 시각 지켜야지
늦은 출발 메꿔야지
짭새 날아 붙잡히면
구멍 난 지갑 메워야지

억울하다 가슴 치지 말자
5분 먼저 가려다가 50년 먼저 가지 말고
내 생명 내가 나름 잊지를 말자
악법도 지키라는 성현 말씀 따라야지

* 대한민국 교통안전 표어를 참고했습니다.

북두칠성

하늘에서 온
천사였습니다
아침 햇살에 반짝이는
이슬이었고
여름 햇살에 일렁이는
신기루였습니다

저녁노을처럼
일상을 거두어
포근히 잠재우는
드넓은 대지였습니다

우리는
밤하늘 수놓은
별이었고
그중에 찬란한
북두칠성이었습니다

동서 문화의 융접, 제3지대, 완충문학의 태동

– 이신우 제1시집 '소리 없이 흐르는 강'에 부쳐 –

홍승주
시인·문예 비평가

서론 : 시인 이신우의 완충문학의 의미

필자는 미국에 와서 시인 이신우의 동서 문화의 윤리와 정서의 융접을 보면서 그의 절충과 조화로 접목된 일련의 문학에 새롭게 전개될 미래지향적 '완충지대의 문학'이라는 명제와 신조어를 붙인다.

무릇 완충지대란 아무도 침범하거나 넘보지 못하는 특수한 제3의 중립지대를 말한다.

그의 문학은 한국적 명맥을 이끌고 생동하는 미주 문학의 특성과 상호 간의 훼손 없이 이를 조화, 봉합하면서 새로운 문예 조류를 임상학적으로 시도하여 문학의 제3지대를 형성, 일변도를 싫어하는 고도의 합리주의를 지향, 그 진로와 탈출구를 모색한다.

우리는 지금 진보와 보수, 극단의 양극화 시대에 살고 있다.

이 건너지 못할 다리를 선조들은 탕평책이라는 이름으로 좁히려 했지만, 더욱 피비린내 나는 당쟁으로 몰아 그 여파는 끊임없이 반복되어 이어져 상금에 더 가열해졌다.

논어에 나오는 중용은 기회주의자로 몰려 평형과 지렛목이 없는 시대가 되고 말았다.

이신우의 시문학을 가리켜 '완충문학'의 태동, 분출 또는 봉화라고 함은 한국과 미주에서의 작품 활동이 제3지대의 완충문학의 소재를 천명, 이를 증언, 구현하고 있기 때문이다.

흔히들 이민 문학이라고 지칭하겠지만 그는 어디에도 근접치 못하고 속하지도 않고 정착하지 못한 독자적 고독한 문학 환경에서 홀로 완충지대에 서식하는 하나의 생동체가 되어 '완충문학'이라는 신조어를 일구어 낸다.

그의 시에는 아녀자 같은 섬세한 여린 감성과 회오리 같은 남성의 돌풍이 미묘한 평형감각을 유지하면서 상호 견인하며 공존한다.

진득진득한 삶의 중력과 강인한 인내력, 반면에 부드럽고 온유한 성품이 그의 원론적 바탕에 흐르는 동양적 윤리관을 붙들고 놓지 않는다.

그는 영남의 한학자의 가문에서 태어나 일찍이 서당에서 한문을 익혔다.

그의 시 가운데는 유서 깊은 고사성어의 유래와 봉건시대의 덕목으로 인식되어 있는 강렬한 '삼강오륜'의 사상이 은연중에 스며들어 이를 현대적 우화와 해석으로 '부자유친', '군신유의', '부부유별', '장유유서', '붕우유신'의 인륜지사를 조람하여 보이지 않는 도덕의 철퇴를 나태한 문명사회에 꽂는다.

중론 : 이신우의 시론, 보이지 않는 것은 모두 그립고 아름답다

어깨의 힘을 빼야 히트를 친다. 야구의 명언이다.

어깨에 잔뜩 힘이 들어가면 시인은 혼미에 빠지고 미로에 들어선다.

잘 쓰려고 할 때, 시는 영감과 대상의 거리에서 멀리 도망간다.

이신우의 시는 한마디로 평범한 일상에서 수월한 이야기를 시에 담는다.

그래서 읽기가 편하고 대할수록 구수한 맛과 깊이를 더하게 한다.

독자를 강요하거나 강박하는 시는 한갓 구호에 지나지 않는다.

정갈하게 펼쳐진 그의 시는 요란하지 않아서 좋고 정직하고 담백하며 흥미롭다.

그의 시에 소리 없이 흐르는 매혹의 첫째 요목은 '가화만사성'이다.

고통의 아름다운 여운으로 끌어안는 덕성으로 과격하지 않고 은은하게 퍼지는 울림통의 진폭이 잔잔한 운율로 메아리처럼 오래 간다.

30여 년간 봉양한 빙모님에 대한 뜨거운 사모곡, 백년해로의 애처곡, 훈훈한 가족사, 주변사들이 진곡한 해학과 즐거운 풍류로 파노라마처럼 펼쳐진다.

뼛속에서 우러나오는 삶의 울림대, 그의 몇 편의 대표작을 보면서 그를 인지하는 지름길로 삼고자 한다.

내 나라 내 땅인데 모든 것 낯설어
내가 그리던 조국이 아니었습니다

신작로로 바뀌진 꼬불꼬불 정겹던 길
내가 걷던 오솔길이 아니었습니다

박 넝쿨 이고 앉은 초가 지붕 간데없고
울긋불긋 색동 지붕 적어진 마을도
내가 살던 고향은 아니었습니다

– '모두가 아니었습니다' 일부

10여 년간의 춥고 고달팠던 이민 생활 넘어 금의환향한 짙은 향수에의 허망한 몸부림을 본다.

그리운 고향에 와보니 이건 내 고향 모습이 아니다.

악동들과 뛰놀던 골목은 신작로로 변하고 초가지붕은 모두 울긋불긋한 양철 지붕으로 바뀌어 어디 가도 고향의 향기와 흔적을 찾을 길 없는 생소한 노숙자의 신세가 되어버렸다.

친구도 가고 강산도 변하고 인심도 변하여 분명 내 나라 내 땅인데 모든 게 낯설어 안절부절못하는 고아 같은 외로운 시인의 모습이 드러나 연거푸 '내가 살던 고향은 아니었습니다'의 부정과 긍정 사이를 헤매며 망각의 고향을 찾는 애절한 제3지대의 싹이 튼다.

지지 않는 꽃
어디 있고
늙지 않는 사람
어딨던가

원두막에
홀로 앉아
참외 한 입 베고 보니
해는
서쪽으로 기울었네

— '인생무상' 전문

무한하게 벌어진 공간의 얼안과 여백, 먼 은하수 같

은 추억의 장면을 한순간으로 압축해 인생의 무상을 소쩍새처럼 울어낸 단형의 시, 지지 않는 꽃이 어디 있으며 늙지 않고 죽지 않는 사람이 어디 있으랴.

원두막이라는 가공의 현실에 홀로 갇혀 참외 한 입 베고 보니 해는 어느새 서쪽으로 기울었네… 인생 사양과 허망, 공백의 허무와 무상을 농도 짙게 찍어낸 의미심장한 내면의 시.

나무라지 마셔요
나만 생각하며 산다고
왜냐하면
나 하나만 세상에서 제일이라
내 생각만 하고 사는 것을

이기적이라 마셔요
내 가족만 챙기고 산다고
왜냐하면
내가 해야 할 일 그것이라
그리 믿고 그러고 사는 걸요

못났다 마셔요
한 여자 섬기며 사는 것을
왜냐하면
떼어낼 수 없는
내 반쪽인 걸요

묻지 마셔요
뭐가 그리 자식이 귀하냐고
거울 앞에 서야만 보이던 내 모습
그것 없어도 볼 수 있는 내 얼굴인데
돌보아 다독임 없이 어찌 살겠던가요

—'나무라지 마셔요, 왜냐하면' 전반부

감미로운 미소가 얼굴 만면에 퍼지는 강렬한 자아의식과 귀여운 노마 같은 응석받이의 시.

고도의 '에고이스트'를 자처하며 '나무라지 마셔요'의 은근슬쩍한 사죄의 수식어를 부끄러이 붙이면서 설의법으로 자문자답한다.

이 시에서 우리는 이 시인의 만천하에 공개하는 순박성과 자신만만한 평범한 행복론을 본다.

자기 잘난 맛에 사는 인생의 풍속도, 내 가족만 챙기며 사는 가정 제일주의자, 내놓고 세상에 선포하는 팔삭둥이 같은 아내와 가족사랑, 거울 없이도 볼 수 있는 사랑의 자화상, 가장으로의 자애롭고 늠름한 영상이 눈에 부시다.

내 가슴 파도치던
당신과의 첫 만남
이렇게 큰 기쁨이고
사랑인 것을

예전엔 미처 몰랐습니다
낯선 땅 찾아와
별 이고 나간 길
달 지고 돌아온 길
이것이 감사인 줄
예전엔 미처 몰랐습니다

구석마다 뿌려진 사랑
오고 가는 눈길마다
피어나는 고운 미소
이 모든 것이
당신이 맺어준 열매임을
이제야 확실히 알았습니다

— '이제야 확실히 알았습니다' 전반부

이 시인에게는 단절이 없는 일정한 이야기가 시로 승화됨이 특색이다.

천명처럼 서로의 반신을 찾아 한 몸이 된 운명의 금실 좋은 백년해로의 부부.

'예전엔 미처 몰랐습니다', '이제야 확실히 알았습니다'의 숱한 삶의 곤욕을 넘어서야 풍진에 핀 한 떨기 꽃처럼 아내에게 바치는 아련한 고해 성사가 늘그막에 더 아름답게 돋보인다.

김소월의 시 '초혼'처럼 가슴을 울렁이게 한다.

가라 하지 않아도 떠나고
부르지 않아도
찾아오는 세월
달려만 가는 세월이 약속합니다

원망도
그리움도
부리던 허세도
세월 앞에선
모두가 부질없던가

어쩌면
그래서
남은 시간이
더욱 소중하고
아름다운 건가

이 세상 떠나고 나면
언제 어디서
무슨 인연으로
다시 만나겠습니까

— '새해에는' 전반과 후반에서

송구영신하는 세월 앞에 용사 없다, 가라 해서 떠나

고 오라 해서 오는 세월이 아닌 세월의 무정, 유정 속에 무심하게 달려만 가는 야속함.

그 세월 속에 우리 인생, 이 세상을 떠나고 나면 언제 어디서 무슨 연분으로 다시 만날 수 있을까.

봄볕에 돋아나는 새순처럼
내 사랑도 그러렵니다
파랗게 피어오른 잎새처럼
언제나
내 마음도 그러렵니다

봄기운 따라 향기로운 꽃이 피면
나는 나비 되어 나르렵니다

봄 향기 드리운 초원
달려 나가 고운 소리로
사랑 노래 부르렵니다

봄빛 포근함에
꿈을 여는 잎새처럼
고운 사람 손잡고
향기로운 아침 열어
저녁노을 질 때까지
오래오래 소망하며 살렵니다

– '봄' 전문

김영랑의 '모란이 피기까지는'의 시를 연상케 하는 부정적, 주지적 정이 넘치는 순수 서정시의 극치로 봄을 여는 잎새, 고운 사람의 손, 향기로운 아침을 열고 저녁노을 질 때까지 소망과 기도로 살고픈 봄의 기원이 나비처럼 하늘에 흐느적거린다.

자식의 언 손 녹여주시던
내 어머님의 따뜻했던 내 어머님의 가슴
어디 가고
비석 위에 얹은 아들 손
이리도 차갑습니까

삭풍이 불어오는
언덕배기에
홀로 누워 계신
우리 어머니
이 추운 겨울
어찌 나실까요

어머님 뵙고 싶어
찾아온 장미 언덕
찬 손 녹여주시던
어머님의 입김은
매서운 바람 되어
이 자식 볼을 때립니다

겨울 가고 봄 찾아와
어머님 사시는 동네
무리 지어 꽃이 피면
울 어머니 장미꽃 되어
저를 반겨주시려나

어머니 !
올해는 겨울이
별나게도 춥습니다
감기 들지 마시고
편히 쉬옵소서

– '어머님, 바람이 차갑습니다' 전문

'어머니 / 올해는 겨울이 / 별나게도 춥습니다 / 감기 들지 마시고 / 편히 쉬옵소서'. 조선조의 시인 송강의 유배지에서 임금을 그리워하며 읊은 '사미인곡'을 생각나게 하는 절창의 시.

'이 추운 겨울은 어찌 나실까요'

묘 앞에 초막을 짓고 3년상을 치렀다는 옛날 양반집 선비의 지조가 떠오른다.

아픈 가슴의 허무와 고도의 센티멘털리즘 속에 그래도 낭만과 유머, 음악이 흐르는 화애공락의 무드를 창출하며 상실의 세계에서 자아 중심의 견고한 완충지대의 성채를 쌓아가는 고고한 성주, 문득 그의 백만 불짜리 미소가 떠오른다.

맺으면서 : 대망의 완충문학, 완충시인 이신우의 대두

삶에 대한 긍정의 의지, 활달한 통찰력과 따뜻한 포용, 그리고 친화력.

진솔하고 담대한 에고이스트의 서정, 섬세한 마음의 시선.

삶의 깊숙한 내면을 투시하는 연민의 정, 온몸으로 느끼고 화합하는 뜨거운 상징의 힘.

나와 너의 이질의 존재를 하나로 묶는 이중 구조의 강렬한 결합체.

좀체 미국 시민이 되지 못하는 이 시인의 원만하면서도 무저항의 특별난 고집과 기질.

완벽하게 자기 세계를 구축하여 불가침의 자기 영역을 지키며 활보하는 시인.

무리 속에 있으면서도 이질적 개체를 한 데로 용접하고 융화하는 정서 순화의 귀화력.

나에게 묻는다. 너는 누구냐.

나는 지금 어느 지대, 어느 공간에 살고 있는가.

나의 문학 지대는 어디며 나의 진정한 소속은 어디인가.

시인 이신우는 풀리지 않는 이 현안을 안고 미지의 개

방되지 않은 문학의 완충지대를 간다.

그의 문학이 활짝 개화되어 성취되기를 바라면서 발문을 가늠한다.

– 한 해가 또 넘어가는 세모에 필자 식

소리 없이 흐르는 강

초판 1쇄 인쇄 2018년 3월 5일
초판 1쇄 발행 2018년 3월 10일

지은이 이신우
펴낸이 金泰奉
펴낸곳 한솜미디어
등록 제5-213호

편집 박창서 김수정
마케팅 김명준
홍보 김태일

주소 05044 서울시 광진구 아차산로413
(구의동 243-22)
전화 02)454-0492(代)
팩스 02)454-0493
이메일 hansom@hansom.co.kr
홈페이지 www.hansom.co.kr

값 7,000원
ISBN 978-89-5854-116-5 (03810)